Mon petit livre du bonheur

©Octobre 2004, by Éditions Grancher
Collection dirigée par Ph. Grancher
98, rue de Vaugirard, 75006 Paris
Tél. : 01 42 22 64 80 - Fax : 01 45 48 25 03
www.grancher.com - pg@grancher.com
ISBN : 2-7339-0891-X

Mon petit livre du bonheur

Des sagesses et des citations zen à méditer et des défis à réaliser

Bienvenue dans votre petit livre du bonheur !

Vous découvrirez dans cet ouvrage mille et une idées pour trouver votre chemin vers le bonheur. Pensées, citations, défis à réaliser, textes, poèmes et koan zen (petites phrases japonaises à méditer) seront vos clefs pour changer votre quotidien, et votre façon de voir le monde, facilement et progressivement.

Du 1er janvier au 31 décembre, choisissez vos objectifs (cochez au fur et à mesure chacun des défis que vous avez réalisés), picorez des idées, méditez-les et ouvrez-vous à de nouveaux horizons.
Nul doute que vous avez en vous toute l'énergie et la volonté pour passer la plus réussie de toutes les années… une année de sourires et de gaieté, une année pleine de petits et de grands plaisirs, pleine de douceur et de joie de vivre… et ce petit livre du bonheur est là pour vous y aider.

Il n'est jamais trop tard pour changer !
Maintenant, vous allez pouvoir le constater…

Penser à soi

Premier pas vers le bonheur !

L'objectif dans cette première partie est de vous réconcilier avec vous-même, de vous faire plaisir, de prendre conscience que vous seul détenez la clef vers le Nirvana.

Votre mission, si vous l'acceptez, sera tout d'abord de penser à vous.

irez 5 minutes

Respirez 5 minutes profondément dans votre lit
avant de vous lever en centrant vos pensées
sur les choses **agréables** de votre journée…
et levez-vous du bon pied !

Soyez assis avec toute la majesté inaltérable et inébranlable de la montagne. Laissez votre esprit s'élever, prendre son essor et planer dans le ciel.
Sogyal Rinpoché

Le plus grand secret pour le bonheur, c'est d'être bien avec soi.
Bernard Fontenelle *Du bonheur*

Se connaître soi-même, c'est s'oublier. S'oublier soi-même, c'est s'ouvrir à toutes choses.
Dogen *Genjo Koen*

Entrez chez un fleuriste,
pendant la pause déjeuner où à l'heure du thé...
Prenez le **temps** de regarder les fleurs,
de les sentir, de les photographier même.
Une **bouffée de fraîcheur** garantie !

...un fleurist

Dieu a créé le rêve pour indiquer la route au dormeur dont les yeux sont dans l'obscurité.
Sagesse égyptienne

La maladie est un avertissement qui nous est donné pour nous rappeler à l'essentiel.
Sagesse tibétaine

Les grands bonheurs viennent du ciel, les petits bonheurs viennent de l'effort.
Proverbe chinois

Dans la soirée, réservez-vous un quart d'heure
et écoutez un morceau de **Bach ou de Chopin...**
en entier les yeux fermés,
confortablement installés sur votre canapé
ou assis sur le sol en tailleur.

tre canapé

“

B

CITATIONS ZEN

L'idéal est pour nous ce qu'est une étoile pour le marin.
Il ne peut être atteint mais il demeure un guide.
Albert Schweitzer

A moins de savoir ce que vous êtes, comment y arriverez-vous ?
Sri Nisargadatta Maharaj
Entretien - 31 Août 1979

Qui veut changer trouvera toujours une bonne raison pour changer.
André Maurois *Ce que je crois*

vitalité

Option vitalité ! Evitez les ascenseurs et les escalators, fuyez le bus et la voiture pour les courts trajets…
aujourd'hui, **marchez**,
montez les escaliers et terminez la journée par une promenade à **vélo !**

menade à **vélo !**

(…)

Ne dites pas, je serai parti demain, car je ne cesse de naître, aujourd'hui encore. Regardez en profondeur : je nais à chaque seconde bourgeon sur une branche printanière, oisillon aux ailes encore fragiles, apprenant à chanter dans mon nouveau nid, chenille au coeur d'une fleur ; bijou caché dans une pierre.
Je ne cesse de naître, pour rire et pour pleurer ; pour craindre et pour espérer : Mon coeur est rythmé par la naissance et la mort de tout ce qui est vivant.

Extrait du poème *Je ne cesse de naître* de Thich Nhât

Prenez le temp

Prenez le temps de vous asseoir dans un **parc**,
dans une galerie ou dans un musée pendant **trente minutes**,
pour regarder les arbres, les gens ou le décor…
et savourez ce moment volé !

“

KOAN ZE

Le soleil de midi ne fait pas d'ombre.
Koan zen

Pour savoir si l'eau d'un bol est chaude ou froide, il faut y mettre le doigt... Il ne sert à rien de discuter.
Koan zen

Quand un homme ordinaire atteint le savoir, il est sage. Quand un sage atteint la compréhension, il est un homme ordinaire.
Koan zen

L

bain moussan

Levez-vous tôt (ou simplement un peu plus tôt)
et prenez un **bain moussant** avant d'aller travailler ou d'attaquer votre journée.
N'oubliez pas la **musique douce et l'encens** !

musique douce et encens

La tranquillité de l'âme provient de la modération dans le plaisir.
Démocrite

Qui triomphe de lui-même possède la force.
Lao-Tseu ***Tao Te King***

L'homme ordinaire ne se préoccupe que de passer le temps, l'homme de talent que de l'employer.
Arthur Schopenhauer
Aphorismes sur la sagesse dans la vie

Défi n°7 ■

Pour diminuer votre stress et votre état d'anxiété,
oubliez le café pendant **une semaine**… remplacez selon vos goûts
par du thé vert ou des tisanes **relaxantes** !

sser les habitudes

Réaménagez votre salon,
votre chambre ou votre bureau :
rangez, videz, bougez les meubles…
changez de décor pour casser les habitudes !

(…

Défi n°8 ■

Lorsqu'il est libre, l'esprit est naturellement serein, de même que l'eau non agitée est par nature limpide et claire.
Proverbe tibétain

Ne craignez pas d'être lent, craignez seulement d'être à l'arrêt.
Proverbe chinois

Les dieux aident ceux qui agissent.
Proverbe latin

le goût de la liberté

Eteignez votre **portable** et laissez votre répondeur prendre les messages que vous écouterez tranquillement le soir.

Votre mission : tenir pendant une semaine pour vous redonner le goût de la **liberté** !

Sous prétexte que la perfection n'est pas de ce monde, ne gardez pas soigneusement tous vos défauts.
Jules Renard *Journal*

Ne désespérez jamais. Faites infuser davantage.
Henri Michaux *Tranches de savoir*

Chaque homme dans sa nuit s'en va vers sa lumière.
Victor Hugo *Les contemplations*

A quel plaisir de se défouler !

A onze heures, à midi ou à dix-sept heures, **mettez votre CD préféré, assez fort, et dansez** tout(e) seul(e) **dans le salon, la cuisine ou la salle de bain :** quel plaisir de **se défouler !**

Pour trouver le joyau, il faut apaiser les ondes car il est difficile de le trouver en agitant l'eau. Quand les eaux de la méditation sont calmes et limpides, le joyau de l'esprit est visible naturellement.

Si un joyau tombait dans une fontaine, la plupart des gens se jetteraient à l'eau et la tourmenteraient jusqu'à ce qu'elle devienne trop trouble pour y trouver autre chose que des cailloux.

Mais le sage, lui, attendrait que l'eau se calme pour permettre au joyau de briller par lui-même.

Roshi Yamada
Maitre Zen Soto (1900 – 1988)

fleurs des champs

Au cours d'une promenade improvisée,
ramassez des champignons, des coquillages, des cailloux,
des pommes de pins ou cueillez des fleurs des champs…
suivant le décor !

A

!

Ignorant d'où je viens, incertain où je vais.
Alphonse de Lamartine *L'homme*

La joie est en tout ; il faut savoir l'extraire.
Confucius

On ne va jamais si loin que lorsque l'on ne sait pas où l'on va.
Rivarol

Défi n°12

Regardez des enfants jouer dans la rue
ou dans la cour d'école,
écoutez-les rire et chanter, en imaginant que vous en faites partie !

rire et chanter

Craquez pour votre gourmandise préférée !
Tablette de chocolat, éclair au café, biscuits au beurre ou lait fraise…
cédez à la tentation d'une friandise de votre choix
et savourez chaque bouchée avec délectation.

Défi n°13

A quoi sert la lumière du soleil, si on a les yeux fermés.
Proverbe arabe

C'est en essayant encore et encore que le singe apprend à bondir.
Proverbe africain

Le rire et le sommeil sont les meilleurs remèdes du monde.
Proverbe irlandais

Aller à l'essentiel

Vous êtes parvenu à faire une place à votre "**moi**" dans votre quotidien ? Vous avez compris que vous seul pouvez agir sur votre vie ? Félicitations !
Maintenant, nous allons tenter d'améliorer ce quotidien pour donner à votre vie un sens nouveau, pour vous ouvrir les yeux et le cœur au monde extérieur… et à sa beauté.
Parfois, tout est plus facile qu'on ne le croit !

“ ”

Au réveil, avalez un grand verre d'eau minérale
et poursuivez votre journée en mangeant léger
et en buvant 1,5 ou 2 litres d'eau.

Hydratez-vous !

Hydratez-vous !

Il est bien des choses qui ne paraissent impossibles que tant qu'on ne les a pas tentées.
André Gide *Si le grain ne meurt*

L'impossible, nous ne l'atteignons pas, mais il nous sert de lanterne.
René Char

On n'est jamais si malheureux qu'on croit, ni si heureux qu'on l'avait espéré.
La Rochefoucauld *Maximes*

Levez la tête !

Regardez le ciel, les nuages, la cime des arbres,

les oiseaux qui tournoient ou la neige qui tombe…

Tentez de voir le monde différemment !

KOAN ZEN

KOAN ZEN

Une journée, une vie.
Koan Zen

L'homme regarde le miroir, le miroir regarde l'homme.
Koan Zen

L'heure me regarde et je regarde l'heure.
Koan Zen

Positivez ! Voyez le verre à moitié plein plutôt que de le voir à moitié vide.

Interdiction absolue de pester, de vous plaindre ou de râler pendant **48 heures** !

Interdiction absolue de peste

Gémir sur un malheur passé, c'est le plus sûr moyen d'en attirer un autre.
William Shakespeare *Othello*

Plus nombreux sont les problèmes auxquels on réfléchit, plus on risque de n'en comprendre aucun.
Jan Amos Comenius **La grande didactique**

Mieux vaut réfléchir avant d'agir que regretter après avoir agi.
Démocrite

Défi n°17

Organisez-vous un hammam,
un **sauna** ou un **massage thaïlandais** dans un institut… seule ou entre ami(e)s,
la chaleur et l'eau vous permettront de vous détendre
et de chasser le stress de votre semaine.

ont de vous détendre

Je vis, je meurs: je me brûle et me noie,
J'ai chaud extrême en endurant froidure;
La vie m'est et trop molle et trop dure,
J'ai grands ennuis entremélés de joie.
Tout en un coup je ris et je larmoie,
Et en plaisir maint grief tourment j'en-
dure, Mon bien s'en va, et à jamais il dure,
Tout en un coup je sèche et je verdoie.
Ainsi Amour inconstamment me mène
Et, quand je pense avoir plus de douleur,
Sans y penser je me trouve hors de peine.
Puis, quand je crois ma joie être certaine,
Et être en haut de mon désiré heur,
Il me remet en mon premier malheur.
Louise Labé

quelques jours !

Oubliez volontairement votre montre pour oublier l'heure
pendant quelques jours !

oublier l'heure

Le monde fleurit par ceux qui cèdent à la tentation.
Julien Gracq

Le monde appartient à ceux qui n'ont pas d'heure fixe pour les repas.
Anne Jules de Noailles

Rien de grand ne s'est accompli dans le monde sans passion.
Friedrich Hegel *Introduction à la philosophie de l'histoire*

Faites un grand rangement.

De la chambre au salon, de la cuisine à la salle de bain,
prenez un week-end et donnez ou jetez tout ce qui ne vous sert plus à rien :
vieux vêtements, vieux bibelots et vieux papiers ne doivent plus exister !

ux papiers ne doivent plus exister

A quoi bon soulever des montagnes quand il est si simple de passer par dessus ?
Boris Vian

Si tu veux comprendre le mot bonheur, il faut l'entendre comme récompense et non comme but.
Antoine de Saint-Exupéry *Carnets*

L'herbe est toujours plus verte chez les autres... jusqu'à ce qu'on découvre que c'est du gazon artificiel.
Jacques Salomé *Si je m'écoutais, je m'entendrais*

Défi n°20

Posez-vous la grande question :

est-ce que cette vie est celle que j'ai voulue ?

Vous avez l'année pour y répondre et…

changer tout ce qui est nécessaire !

que cette vie est cell

Ouvrez un dictionnaire !

Au **hasard** des pages, quelques mots inconnus ne le seront plus.

Répétez l'opération 3 fois par semaine pendant un mois.

Défi n°21

C'est par le bien-faire que se crée le bien-être.
Proverbe chinois

Personne n'est si jeune qu'il ne puisse mourir demain.
Proverbe suédois

Le voyage est un retour vers l'essentiel.
Proverbe tibétain

Réalisez l'un de vos **rêves** :
un voyage au Maroc, un saut en parachute, un safari au Kenya
une semaine sur une île déserte… **osez !**

aine sur une île déserte… osez !

CITATIONS ZEN

ATIONS ZEN

La trace d'un rêve n'est pas moins réelle que celle d'un pas.
Georges Duby

La Terre promise est toujours de l'autre côté du désert.
Henry Havelock Elli *La danse de la vie*

On n'est jamais aussi vainqueur ni aussi vaincu qu'on se l'imagine.
Charles de Montalembert

Oubliez la télé !

Lisez, bricolez, **rêvez,** bavardez en famille ou **sortez**...

Une semaine sans allumer le poste devrait vous

ouvrir de nouveaux horizons !

ouvrir de nouveaux horizon

[...]

Imaginez une marmite remplie d'eau froide dans laquelle nage tranquillement une grenouille. Le feu est allumé sous la marmite, l'eau chauffe doucement. Elle est bientôt tiède. La grenouille trouve cela plutôt agréable et continue à nager.
La température continue à grimper. L'eau est maintenant chaude. C'est un peu plus que n'apprécie la grenouille, ça la fatigue un peu, mais elle ne s'affole pas pour autant.
L'eau est cette fois vraiment chaude. La grenouille commence à trouver cela désagréable, mais elle s'est affaiblie, alors elle supporte et ne fait rien. La température continue à monter jusqu 'au moment où la grenouille va tout simplement finir par cuire et mourir, sans jamais avoir fait quelque chose pour s'extraire de la marmite.
Si la même grenouille avait été plongée directement dans l'eau à 50°, elle aurait immédiatement donné le coup de patte adéquat qui l'aurait éjectée aussitôt de la marmite..
Cette expérience montre que, lorsqu'un changement s'effectue d'une manière suffisamment lente, il échappe à la conscience et ne suscite la plupart du temps aucune réaction, aucune opposition, aucune révolte ".

Olivier Clerc

Défi n°24

(!)

à regarder le soleil se coucher…

Admirez le **coucher du soleil**.
Trouvez-vous un endroit d'où vous allez pouvoir passer 30 minutes
à regarder le soleil se coucher…
et savourez cette foison de **couleurs chatoyantes.**

Il n'est jamais trop tard pour devenir ce que nous aurions pu être.
George Eliot

Il est sans comparaison plus facile de faire ce qu'on est, que d'imiter ce qu'on n'est pas.
Louis XIV *Mémoires*

Vis ton présent, et laisse ton passé pour l'avenir.
Frederic Dard

nteurs et des couleurs.

Défi n°25

Flânez sur le marché !

Marché **aux épices** ou marché **du quartier**,
imprégnez-vous des senteurs et des couleurs.

Apprenez à dire NON !

Dites non si vous n'avez pas envie,
pas le temps ou si vous êtes convaincu
que cela est justifié

Affirmez-vous et affirmez vos idées !

Défi n°26

KOAN ZEN

Jour après jour, c'est un bon jour.
Koan Zen

Un de gagné, un de perdu.
Koan Zen

Non anxieux ici, non anxieux toute la vie.
Koan Zen

es plaisirs et croquez dans la vie !

Mangez des fruits !

Pendant une semaine, priorité aux pommes, cerises,

poires, ananas, figues, mangues, abricots ou fraises…

variez les plaisirs et croquez dans la vie !

Celui qui marche droit trouve toujours la route assez large.
Proverbe breton

L'air du paradis est celui qui souffle entre les oreilles d'un cheval.
Proverbe arabe

Si vous voulez que vos rêves se réalisent, ne dormez pas.
Proverbe juif

e à l'enfant qui est encore en vo

{...}

Souvenez-vous de l'enfant que vous étiez...

relisez vos vieux cahiers, **vos contes préférés,**
ouvrez vos vieux coffres à jouets.
Faites une place à l'enfant qui est encore en vous.

Il reste toujours quelque chose de l'enfance, toujours...
Marguerite Duras *Des journées dans les arbres*

Pour retrouver sa jeunesse, il n'y a qu'à recommencer ses folies.
Oscar Wilde

On est de son enfance comme on est d'un pays.
Antoine de Saint-Exupéry

Défi n°29

Retrouvez vos racines !

Faites un séjour dans votre ville natale,

un week-end avec votre famille,

une escale dans une ville ou vous avez grandi…

une personne qui vous était chère

Renouez le contact !

Appelez quelqu'un que vous n'avez pas vu depuis longtemps,

une personne qui vous était chère

et que vous avez perdu de vue

ou avec qui vous êtes fâché...

Défi n°30

1. Parmi les choses qui existent, certaines dépendent de nous, d'autres non. De nous, dépendent la pensée, l'impulsion, le désir, l'aversion, bref, tout ce en quoi c'est nous qui agissons; ne dépendent pas de nous le corps, l'argent, la réputation, les charges publiques, tout ce en quoi ce n'est pas nous qui agissons.
2. Ce qui dépend de nous est libre naturellement, ne connaît ni obstacles ni entraves; ce qui n'en dépend pas est faible, esclave, exposé aux obstacles et nous est étranger.
3. Donc, rappelle-toi que si tu tiens pour libre ce qui est naturellement esclave et pour un bien propre ce qui t'est étranger, tu vivras contrarié, chagriné, tourmenté; tu en voudras aux hommes comme aux dieux; mais si tu ne juges tien que ce qui l'est vraiment - et tout le reste étranger -, jamais personne ne saura te contraindre ni te barrer la route; tu ne t'en prendras à personne, n'accuseras personne, ne feras jamais rien contre ton gré, personne ne pourra te faire de mal et tu n'auras pas d'ennemi puisqu'on ne t'obligera jamais à rien qui pour toi soit mauvais.
[...] Que ceux qui veulent être libres s'abstiennent donc de vouloir ce qui ne dépend pas d'eux seuls: sinon, inévitablement, ils seront esclaves.

Flavius Arrien

Manuel d'Épictète - Première partie

Allez voir la mer !

Marchez les pieds nus dans le sable,

louez un bateau pour la journée, faites une petite croisière…

et profitez de l'immensité de l'océan !

de l'immensité de l'océan !

!!

S'éloigner de tout rapproche un peu de l'essentiel.
Loïck Peyron

Dieu a créé la mer et il l'a peinte en bleu pour qu'on soit bien dessus.
Bernard Moitessier *La longue route*

Si la solitude sépare, elle tranche bien des liens qu'on ne coupe qu'à regret, mais elle permet de plonger des racines dans ce qui est essentiel.
Eugène Delacroix

Partager sa vie... et sa joie

Vous rayonnez ? Vous respirez la joie et le bien-être ? Vous commencez à savourez chaque instant comme une fleur sacrée ? Le moment est venu de partager ce nouveau souffle avec votre entourage et de communiquer votre joie de vivre à ceux qui vous entourent.
Vivre heureux, c est aussi échanger, communiquer, transmettre…

A...

rdez les étoiles ou la cime des arbr

Allongez-vous dehors, **la nuit**, avec un(e) ami(e)

et regardez les étoiles ou la cime des arbres.

Respirez **la vie** et laissez aller **vos pensées** et **vos paroles…**

La vie est trop courte pour être petite.
Benjamin Disraeli

Les relations sont sûrement le miroir dans lequel on se découvre soi-même.
Krishnamurti

Il n'y a que le premier pas qui coûte.
Marie du Deffand

ndant une semaine au moins, souriez !

Souriez !

De votre **boulanger** à votre **patron**, de votre **voisin de pallier**
au conducteur de la voiture d'à côté…

Pendant une semaine au moins, souriez !

Dans un voyage, le plus long est de franchir le seuil.
Proverbe romain

Le sentier est unique pour tous, les moyens d'atteindre le but varient avec chaque voyageur.
Proverbe tibétain

La bonne volonté raccourcit le chemin.
Proverbe brésilien

Défi n°34

dire à ceux que vous aimez

Dites des "Je t'aime"…
Partagez vos émotions et vos sentiments,
osez dire à ceux que vous aimez
que vous les aimez… par courrier !

Organisez une soirée costum

Organisez une soirée costumée avec quelques amis.
A vous de choisir le thème : James Bond, Goldorak,
Charlie Chaplin ou Marilyn !

Défi n°35

L'argent :
Il peut acheter une maison, Mais pas un foyer
Il peut acheter un lit, Mais pas le sommeil.
Il peut acheter une horloge, Mais pas le temps.
Il peut acheter un livre, Mais pas la connaissance.
Il peut acheter une position, Mais pas le respect.
Il peut payer le médecin, Mais pas la santé.
Il peut acheter du sang, Mais pas la vie.
Il peut acheter du sexe, Mais pas l'amour…

Vieux précepte chinois

Pardonnez !

Que vous ayez tort ou raison,

passez l'éponge sur vos querelles du moment.

Faites la semaine de la tolérance et de la compréhension !

P

tolérance et de la compréh

(...)

Arrêtez le mal avant qu'il n'existe ; calmez le désordre avant qu'il n'éclate.
Lao-Tseu

Quand on me contrarie, on éveille mon attention, non pas ma colère.
Montaigne *Essais*

J'ai trop le désir qu'on respecte ma liberté pour ne pas respecter celle des autres.
Françoise Sagan *Qui suis-je ?*

Achetez un livre de **blagues** ou cherchez-les sur internet
et racontez-en quelques unes à l'heure du déjeuner !

Sachez rire de tout… avec tout le monde.

z rire de tout… avec tout le monde

On n'est jamais puni pour avoir fait mourir de rire.
Proverbe chinois

Sourire, c'est rajeunir de dix ans ; s'attrister, c'est se faire des cheveux blancs.
Proverbe chinois

Si ma chaussure est étroite, que m'importe que le monde soit vaste.
Proverbe turc

Faites un pique-nique !

Déjeuner sur l'herbe entre amis

ou dîner aux chandelles dehors en amoureux…

Salades, petits-fours et champagne, ne négligez rien.

lelles dehors en amoureux…

{…}

Il faut vivre comme l'on pense, autrement l'on finit par penser comme l'on vit !

Paul Bourget

Le bonheur est une petite chose que l'on grignote, assis par terre, au soleil.

Jean Giraudoux

Une journée nuageuse ne peut rien contre un tempérament radieux.

William Arthur Ward

une belle surprise maison.

Organisez une surprise !

Anniversaire, fête, remerciements, félicitations ou même sans aucune raison,

surprenez l'un de vos proches en lui concoctant

une belle surprise maison…

KOAN ZEN

KOAN ZEN

Lorsqu'il n'y a plus rien à faire, que faites-vous ?
Koan zen

A esprit libre, univers libre.
Koan zen

Le courant rapide n'a pas emporté la lune.
Koan zen

Des cadeaux pour tous…

Petits, moyens ou gros, offrez des cadeaux

aux personnes que vous estimez.

Des cadeaux utiles ou non, pour répandre un peu de joie autour de vous.

aux personnes que vous estimez.

Une petite flamme de folie, si on savait comme la vie s'en éclaire !
Henry de Montherlant ***Malatesta***

Soyons reconnaissants aux personnes qui nous donnent du bonheur ; elles sont les charmants jardiniers par qui nos âmes sont fleuries.
Marcel Proust

Le plaisir le plus délicat est de faire celui d'autrui.
Jean de La Bruyère

Défi n°41

Dites un secret !

Confiez à qui vous voulez quelque chose qui compte pour vous **et que vous teniez secret, et créez un** lien unique **avec cette personne.**

Confiez à qui vous voulez qu

Dites "bonjour" ou "bonsoir "

au plus de monde possible dans la journée.

Le lendemain, multipliez votre résultat par deux, et le surlendemain par trois !

Défi n°42

Dieu nous donne des mains, mais il ne bâtit pas les ponts.
Proverbe anglais

Ne vous lassez pas d'écouter ; parce qu'on apprend à parler en écoutant les autres.
Proverbe oriental

Deux yeux échangent leurs regards et les êtres existent.
Proverbe chinois

Dépassez vos a priori

Engagez une véritable conversation
avec une personne que vous n'appréciez pas… au bureau ou à la gym !
Dépassez vos a priori !

Notre vie est pour une grande part composée de rêves. Il faut les rattacher à l'action.
Anaïs Nin

La vie est une aventure audacieuse ou elle n'est rien.
Helen Keller

Les jours sont des fruits et notre rôle est de les manger.
Jean Giono

Défi n°44

Ouvrez une bonne bouteille de vin
et passez la soirée aux chandelles
avec l'amour de votre vie.

vec l'amour de votre vie.

Prévoyez une folle nuit d'amour !
Encens, feu de cheminée, musique douce, tenue sexy…
faites-lui le grand jeu avec douceur et passion !

faites-lui le grand jeu avec douceur et

Défi n°45

Quand, les deux yeux fermés, en un soir chaud d'automne,
Je respire l'odeur de ton sein chaleureux,
Je vois se dérouler des rivages heureux
Qu'éblouissent les feux d'un soleil monotone;
Une île paresseuse où la nature donne
Des arbres singuliers et des fruits savoureux;
Des hommes dont le corps est mince et vigoureux,
Et des femmes dont l'oeil par sa franchise étonne.
Guidé par ton odeur vers de charmants climats,
Je vois un port rempli de voiles et de mâts
Encor tout fatigués par la vague marine,
Pendant que le parfum des verts tamariniers,
Qui circule dans l'air et m'enfle la narine,
Se mêle dans mon âme au chant des mariniers.

Charles Baudelaire *Parfum exotique - Les Fleurs du mal*

tes-vous de nouveaux amis

Inscrivez-vous à une initiation au chant,
au yoga, à la sophrologie, au grec ancien, au piano ou à la couture…
ouvrez-vous à de nouveaux horizons
et faites-vous de nouveaux amis !

Il n'y a personne qui soit née sous une mauvaise étoile, il n'y a que des gens qui ne savent pas lire le ciel.
Dalaï Lama

Il faudrait essayer d'être heureux, ne serait-ce que pour donner l'exemple.
Jacques Prévert *Spectacle*

L'humanité se divise en trois catégories : ceux qui ne peuvent pas bouger, ceux qui peuvent bouger, et ceux qui bougent.
Benjamin Franklin

ne pièce de théâtre ou un opé

Partagez une pièce de théâtre ou un opéra

avec quelques amis amateurs de nouveautés !

Poursuivez la soirée en échangeant vos avis sur le spectacle que vous avez vu…

Il n'appartient qu'à Dieu d'être seul.
Proverbe arabe

Nous ne voulons pas de richesses. Nous voulons la paix et l'amour.
Sagesse indienne

Être heureux et porter bonheur vaut mieux qu'être rusé.
Proverbe peul

Habillez-vous gaiement !

Rouge, orange, jaune, à fleurs ou à rayures…

choisissez des vêtements colorés pendant 3 jours.

Noir, gris et bleu marine sont **absolument interdits !**

(…)

Un ton seul n'est qu'une couleur, deux tons c'est un accord, c'est la vie.
Henri Matisse

Le monde progresse grâce aux choses impossibles qui ont été réalisées.
André Maurois

Chaque homme doit inventer son chemin.
Jean-Paul Sartre
Les mouches

Défi n°49

envoyez un don ou participe

Faites un geste pour le monde :

Médecins sans frontières, Ecoliers du monde, Les restos du cœur…

envoyez un don ou participez à l'une de leurs actions.

its, œufs, lait, tomates…

Cuisinez bio pour toute la famille pendant une semaine.

Jus de fruits, œufs, lait, tomates…

Mettez les conserves et surgelés au placard et utilisez seulement des produits frais !

Défi n°50

La personnalité est à l'homme ce que le parfum est à la fleur.
Proverbe anglais

Une poignée d'abeilles vaut mieux qu'un sac de mouches.
Proverbe arabe

Bavardage est écume sur l'eau, action est goutte d'or.
Proverbe tibétain

Vivre heureux !

A vous maintenant de jouer avec le bonheur, de le savourer à sa juste valeur, d'en semer les graines tout au long de votre parcours et de le récolter chaque matin… Vous avez maintenant compris que pour être heureux, il suffit souvent de le vouloir ! Pratiquez-le, partagez-le, apprivoisez-le, apprenez à le créer, à le (re)connaître, et à en profiter !

(...)

quotidien vos émotions, vos idées, vos

Prenez la plume !

Mettez un petit carnet dans votre poche en permanence

et écrivez au quotidien vos émotions, vos **idées**, vos **envies** ou vos **colères** !

Faites de votre carnet, un nouvel ami…

C'est en croyant aux roses qu'on les fait éclore.
Anatole France

La joie est pareille à un fleuve : rien n'arrête son cours.
Henry Miller *Le sourire au pied de l'échelle*

Il ne faut pas de tout pour faire un monde. Il faut du bonheur, et rien d'autre.
Paul Eluard *Le château des pauvres*

e vos **amis** ou de votre **famille**...

Organisez un goûter ou une sortie pour vos enfants
et ceux de vos **amis** ou de votre **famille**...
Prévoyez des activités pour tous et regardez-les
jouer tous ensemble!

Le cerveau est le centre de la pensée, laquelle est toujours limitée, en toutes circonstances. Elle peut inventer l'extraordinaire, le théorique, l'incommensurable, mais son invention sera toujours limitée. Voilà pourquoi il faut être complètement libre à l'égard du travail et du labeur de la vie, comme de l activité égocentrique, pour que l'illimité puisse être. L'incommensurable ne peut se mesurer par des mots. Nous essayons toujours de l'inclure dans le cadre des mots, pourtant le symbole n'est pas ce qui est. Mais nous vénérons le symbole, vivant ainsi toujours dans une condition limitée. Comme les nuages sont en suspens audessus des arbres et que les oiseaux se taisent dans l'attente de l'orage, ce matin convient à une réflexion sérieuse, remettant en question l'existence toute entière, les dieux eux-mêmes et toute l'activité humaine. Nos vies sont si courtes, et durant ce petit laps de temps il n'y a rien à apprendre sur le champ du psychisme, le mouvement de la mémoire ; nous ne pouvons que l'observer. L'observer sans mouvement de la pensée, l'observer sans le temps, sans savoir passé, sans l'observateur qui est l'essence du passé. Simplement regarder. Regarder ces nuages qui se forment et se reforment, les arbres, les petits oiseaux. Tout cela fait partie de la vie.

Quand on regarde attentivement, assidûment, il n'y a rien à apprendre. Il n'y a que cet immense espace, le silence et le vide, l'énergie dévorante.

Krishnamurti *Dernier journal* - Mardi 19 avril 1983

vitamines et de minéraux !

Faites une cure de vitamines et de minéraux !

En demandant conseil à votre pharmacien ou à votre médecin…

[...]

Ne te lasse pas de crier ta joie d'être en vie et tu n'entendras plus d'autres cris.
Proverbe touareg

Coeur heureux fait visage épanoui.
Proverbe anglais

Heureux celui qui oublie ce qu'on ne peut plus changer.
Proverbe allemand

ondes positives

Complimentez votre entourage !

Sur leur tenue, leur travail ou **leurs paroles**…

Semez quelques ondes positives, vous en récolterez les fruits.

Complimentez votre ento

La vie en elle-même est une toile vide, elle devient ce que vous peignez dessus. Vous pouvez peindre la misère, vous pouvez peindre la joie. Cette liberté est votre splendeur.
Genjo Osho

Une demi-heure de méditation est essentielle sauf quand on est très occupé. Alors une heure estnécessaire.
Saint François de Sales

Les grandes choses peuvent se manifester par de petits signes.
Sigmund Freud

(...)

avec le sourire

Cédez **avec le sourire**, votre place à quelqu'un dans le métro,
dans le bus ou chez l'épicier,
profitez-en pour ajouter quelques **mots gentils**
et offrir ainsi un peu de **bonheur** et de **bonne humeur** !

Quoi qu'il arrive
Ne perds jamais espoir !
Développe ton cœur.
Dans ton pays, trop d'énergie
Est consacrée à développer le mental.
Sois une source de compassion,
Non seulement pour tes amis,
Mais pour tout le monde.
Sois une source de compassion.
Œuvre pour la paix.
Et je te le redis,
Ne perds jamais espoir,
Quoi qu'il arrive,
Quoi qu'il arrive autour de toi
Ne perds jamais espoir !
Sa Sainteté le Dalaï Lama

Séchez une journée de cours ou de boulot…
en secret et profitez de ces moments volés
pour faire ce qu'il vous plaît !

fitez de ces moments volés

References

1)"3 de cada 10 hogares sufrieron hechos de inseguridad"

https://www.perfil.com/noticias/sociedad/una-cifra-preocupante-3-de-cada-10-hogares-sufrieron-hechos-de-inseguridad.phtml

2) Physical Activity and Adults WHO

https://www.who.int/dietphysicalactivity/factsheet_adults/en/

3) Range estimation - Marine Corps Base Camp Lejeune

https://www.lejeune.marines.mil

4) Police Facilitation of Mass Protests

https://sfbos.org/police-facilitation-mass-protests

5) Crowd Safety and Risk Analysis

https://www.gkstill.com/Support/crowd-density/CrowdDensity-1.html

6) What do you need in a Survival Kit?

https://www.redcross.org/get-help/how-to-prepare-for-emergencies/survival-kit-supplies.html

7) Survival Rates Similar for Gunshot, Stabbing Victims Whether Brought to the Hospital by Police or EMS, Penn Medicine Study Finds

https://www.pennmedicine.org/news/news-releases/2014/january/survival-rates-similar-for-gun

8) Tips for Improving Effectiveness in Forcible Entry

https://www.fireengineering.com/content/dam/fe/online-articles/documents/FEU/Gustin-April-June08.pdf

9) How to Use a Belt to Barricade a Door During a Shooting

https://www.insideedition.com/headlines/13353-how-to-use-a-belt-to-barricade-a-door-during-a-shooting

10) CDC-Make Water Safe

https://www.cdc.gov/healthywater/emergency/pdf/make-water-safe-H.pdf

11) EPA - Emergency Disinfection of Drinking Water

https://www.epa.gov/ground-water-and-drinking-water/emergency-disinfection-drinking-water

12) CDC- Solar Disinfection

https://www.cdc.gov/safewater/solardisinfection.html

Bonheur : faire ce que l'on veut et vouloir ce que l'on fait.
Françoise Giroud *Ce que je crois*

Travailler ! C'est bon pour ceux qui n'ont rien à faire.
Henri Jeanson

Ne rien faire n'est vraiment agréable que si l'on a beaucoup de travail en retard.
Jerome K. Jerome

Défi n°57

Offrez-vous un livre,
un disque et un DVD au hasard ou en suivant **votre intuition**.
S'ils vous plaisent, **offrez-les ensuite à vos amis.**

offrez-les ensuite à vos amis.

Appelez un(e) ami(e) et demandez-lui comment il va,
écoutez ce qu'il ou elle vous dit **réellement**.
Accordez-lui un peu de temps et une oreille attentive.

réellement

Défi n°58

KOAN ZEN K

KOAN ZEN

Toute chose n'est connue que parce que l'on veut croire la connaître.
Koan zen

Le bambou existe au-dessus et en dessous de son noeud.
Koan zen

La clarté de la lune dépend de l'ombre des pins.
Koan zen

à votre famille ou vos amis.

(!)

fleurs

Offrez des fleurs !

Apportez ou faites livrer quelques bouquets colorés

à votre famille ou vos amis.

A l'envers des nuages, il y a toujours un ciel.
Mûhammad Al-Faytûry *Norin et Tarabay*

Il y a des fleurs partout pour qui veut bien les voir.
Henri Matisse

Le fleuve le plus large, on le passe à la source.
Publius Syrus *Sentences*

vous-même

Entamez une **psychothérapie** ou allez voir une **astrologue** ou un medium (**que l'on vous aura conseillé**), tentez d'en apprendre un peu plus sur **vous-même** !

tentez d'en apprendre un peu plu

Est heureux qui croit l'être.
Proverbe français

Si perçante soit la vue, on ne se voit jamais de dos.
Proverbe chinois

A l'impossible nul n'est tenu.
Proverbe latin

Défi n°61

Perdez l'une de vos mauvaises habitudes.

Forcez-vous pendant 20 jours à ne pas y céder…

et vous serez tout prêt de l'avoir vaincu !

plantes **vertes**

Agrémentez votre intérieur ou votre bureau de plantes vertes.

Arrosez-les, **soignez-les** !

Défi n°62

TIONS ZEN

Faites donc ce que vous voulez - mais soyez d'abord de ceux qui peuvent vouloir !
Friedrich Nietzsche *Ainsi parlait Zarathoustra*

La confiture n'est bonne que s'il faut monter sur une chaise pour attraper le pot dans le placard.
Alexandre Vialatte

Les bonnes habitudes sont beaucoup plus faciles à perdre que les mauvaises.
Somerset Maugham

tre corps et votre esprit !

Campagne ou montagne ?

Allez skier ou faites une randonnée d'**une semaine avec votre femme ou votre mari** (sans les enfants). Aérez votre **corps** et votre **esprit** !

esprit

Un homme tomba dans un trou et se fit très mal.
Un Cartésien se pencha et lui dit : «Vous n'êtes pas rationnel, vous auriez dû voir ce trou ».
Un spiritualiste le vit et dit : « Vous avez dû commettre quelque péché ». Un scientifique calcula la profondeur du trou.
Un journaliste l'interviewa sur ses douleurs.
Un yogi lui dit : « Ce trou est seulement dans ta tête, comme ta douleur».
Un médecin lui lança 2 comprimés d'aspirine.
Une infirmière s'assit sur le bord et pleura avec lui.
Un thérapeute l'incita à trouver les raisons pour lesquelles ses parents le préparèrent à tomber dans le trou.
Une pratiquante de la pensée positive l'exhorta : « Quand on veut, on peut ! »
Un optimiste lui dit : « Vous avez de la chance: vous auriez pu vous casser une jambe ».
Un pessimiste ajouta : « Et ça risque d'empirer ».
Puis un enfant passa, et lui tendit la main...

Conte japonais

félicitez-vous !

Défi n°64

Faites le point de votre **carrière** ou de votre **vie**
en ne regardant que ce qu'il y a de positif et…
félicitez-vous !

…

Faites une folie !
Une chose dont vous rêvez et qui vous semblait **trop chère ou inutile…**
Simple paire de chaussures ou nouvelle voiture,
osez vous faire un vrai plaisir.

plaisir

Défi n°65

Mon devoir est une chose que je ne fais jamais, par principe.
Oscar Wilde

Il y a des jours où je pense que je vais mourir d'une overdose d'autosatisfaction.
Salvador Dali

Je fais un noeud à mon mouchoir pour me rappeler que j'existe.
Alexandre Arnoux

osez

Changez de tête !

Nouvelle coupe ou couleur de cheveux,

prenez un week-end entier pour faire un check-up de votre garde-robe puis changez tout.

Osez devenir qui vous êtes…

devenir qui vous êtes…

Tout désirer : chagrin ; tout accepter : joie.
Proverbe indien

Qui me trompe une fois, honte à lui ; qui me trompe deux fois, honte à moi.
Proverbe anglais

Mesure la profondeur de l'eau avant de t'y plonger.
Proverbe arabe

Défi n°67

ère ou de votre grand-pè

Donnez à vos **enfants** ou **petits-enfants** un bijou,
un livre, un vêtement, des photos…
que vous tenez de votre mère ou de votre grand-père
et racontez-lui un peu d'histoire familiale.

découverte d'internet

Partez à la découverte d'internet, des "chats", des forums…
et échangez vos idées et points de vue avec le monde entier !

Défi n°68

Le soleil ne se lève que pour celui qui va à sa rencontre.
Henri Le Saux

J'ai décidé d'être heureux parce que c'est bon pour la santé.
Voltaire

La vie est ton navire et non pas ta demeure.
Alphonse de Lamartine

et réalisez-les !

Choisissez trois défis que vous avez volontairement écartés
et réalisez-les !

(...)

Notes

Achevé d'imprimer en Septembre 2004
sur les presses de Officine Grafiche Calderini S.p.a,
Bologne, Italie